AF308493

# Welche Wege möchtest du gehen?

Eine kurze Geschichte über Reaktionswege
für Kinder und Erwachsene

Teneke Groisier

# Widmung

Dieses Büchlein möchte ich meiner
Freundin J. widmen, da sie großartig
ist und sich traut neue Wege zu gehen.

Ich bin gut und richtig so wie ich bin. Du bist gut und richtig so wie du bist. Ich bin gut und richtig so wie ich bin. Du bist gut und richtig so wie du bist. Ich bin gut und richtig so wie ich bin. Du bist gut und richtig so wie du bist. Ich bin gut und richtig so wie ich bin. Du bist gut und richtig so wie du bist.

Welche Wege gehst du?
Welche Wege kennst du?

Wo bringen deine Wege dich hin?
Wo möchtest du hin gehen?

Schau mal,
da ist eine
Abkürzung!

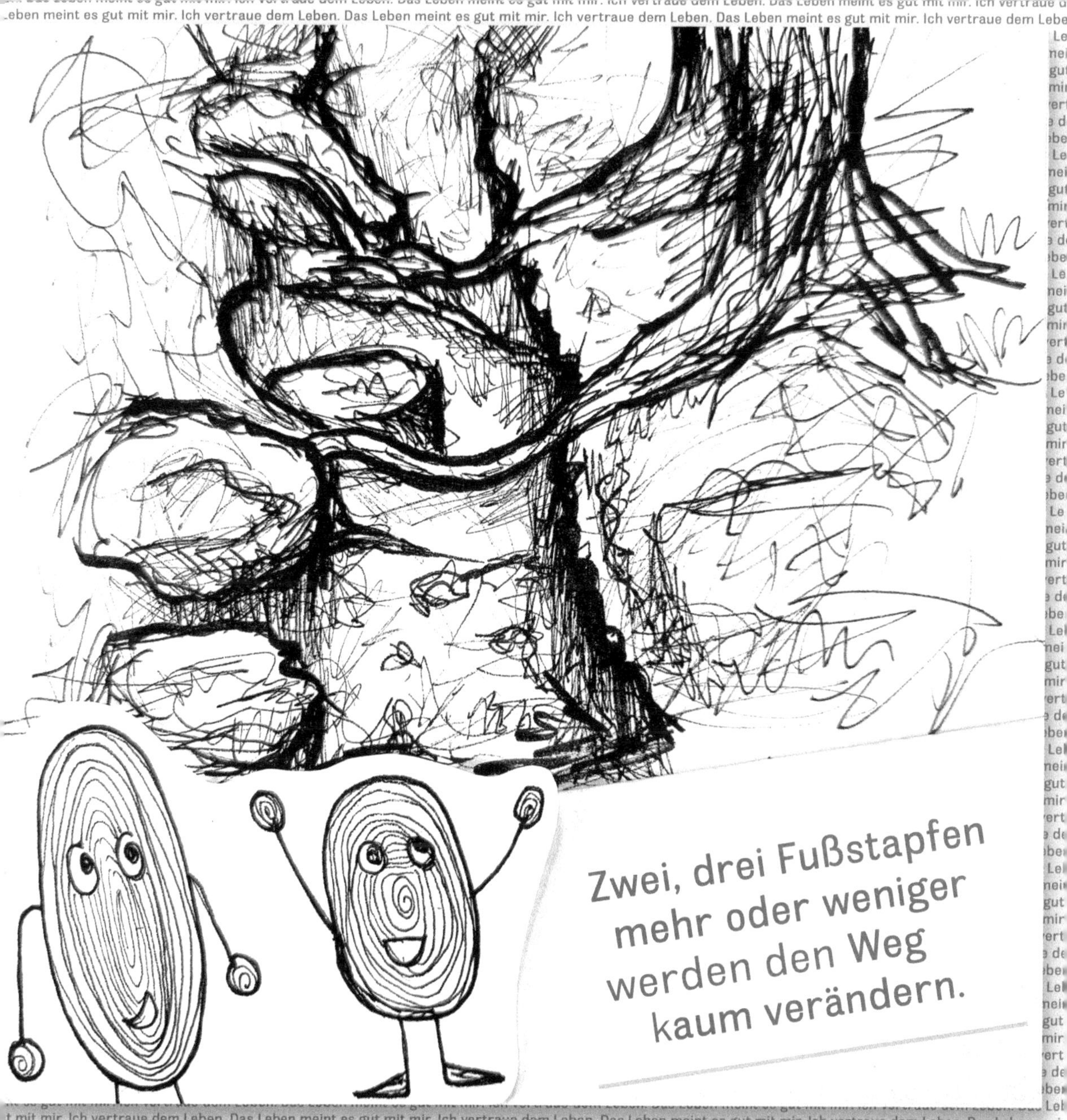
Zwei, drei Fußstapfen mehr oder weniger werden den Weg kaum verändern.

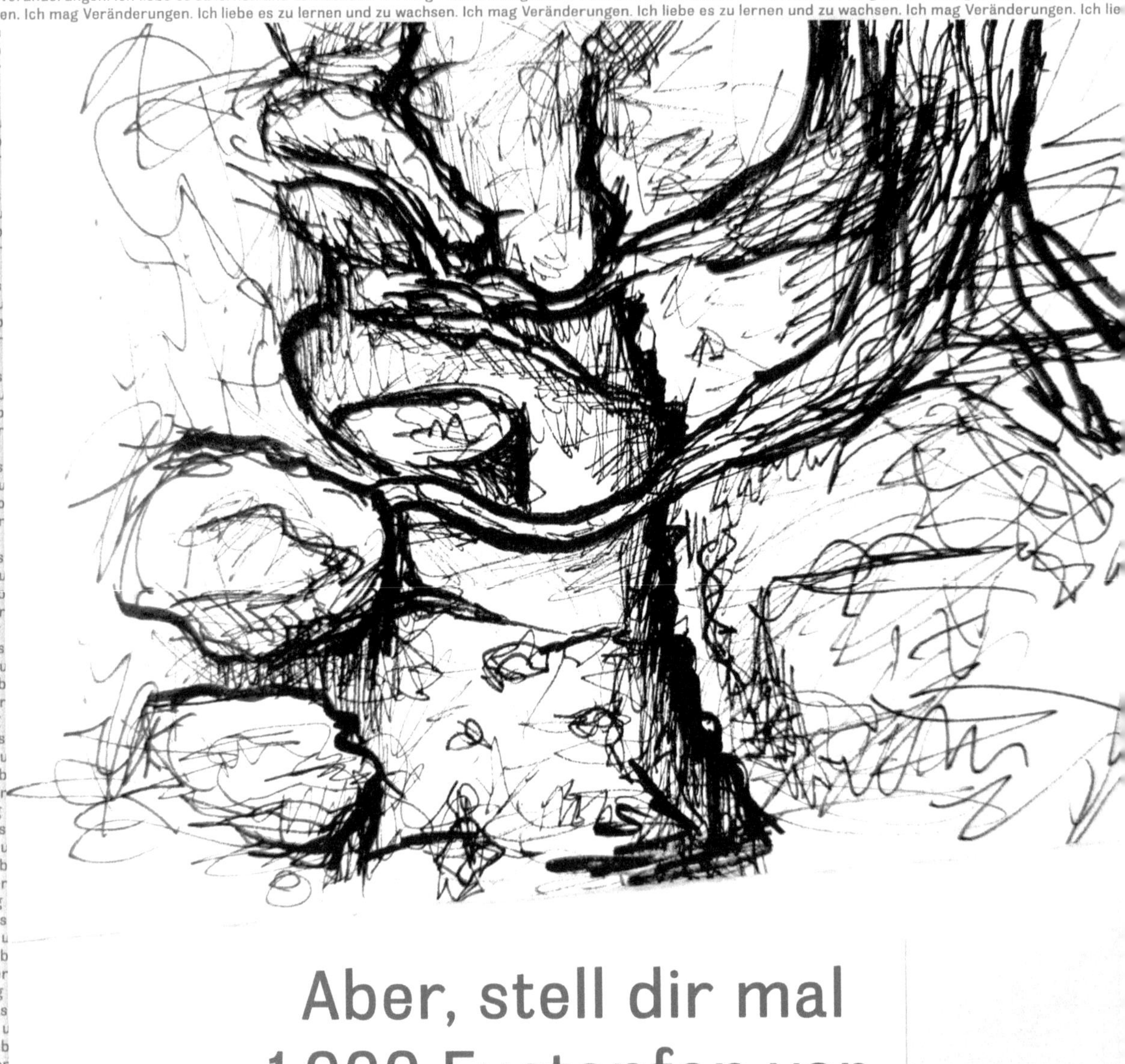

Aber, stell dir mal
1.000 Fustapfen vor.

Stell dir vor, hier laufen
10 Billionen
Füße entlang!

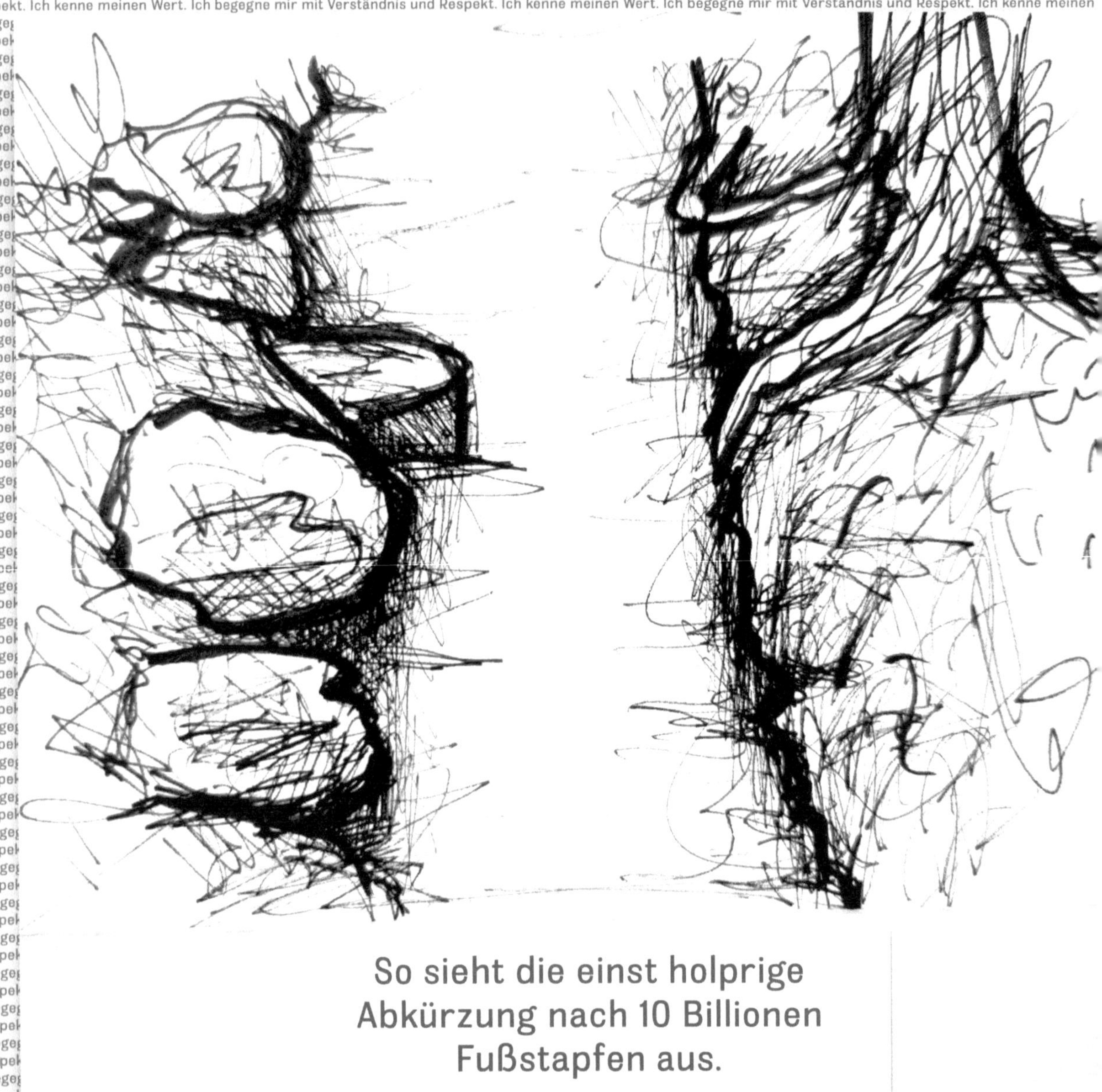

So sieht die einst holprige
Abkürzung nach 10 Billionen
Fußstapfen aus.

In diesem Besipiel hast du Zeit gespart, indem du die Abkürzung genommen hast.
Doch beide Wege führen zum selben Ziel.

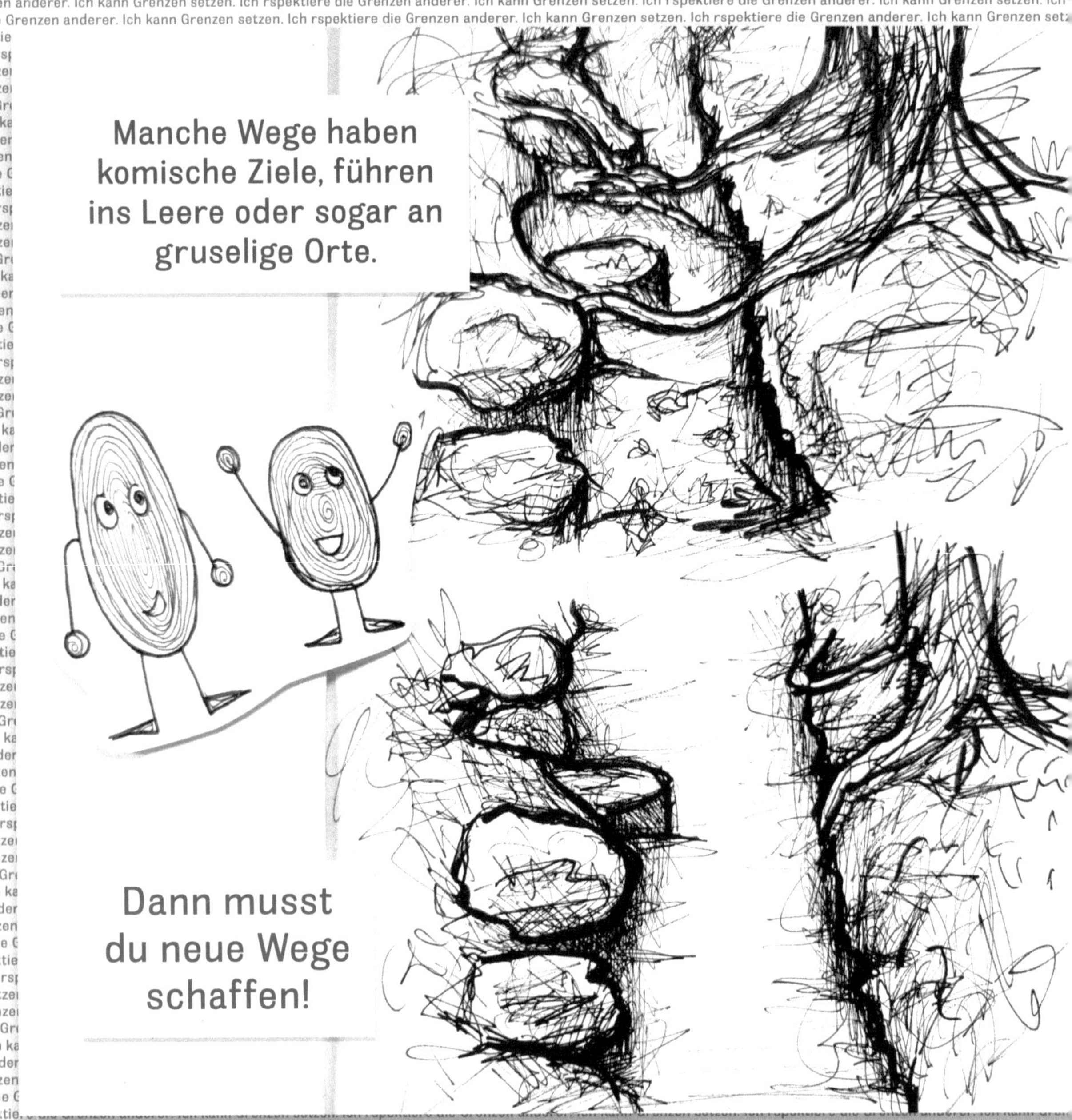

Manche Wege haben komische Ziele, führen ins Leere oder sogar an gruselige Orte.
Dann musst du neue Wege schaffen!

# Wie entstehen diese Wege eigentlich?

## Indem abertausende Fußstapfen die Wiese platt treten!

Stell dir vor,
ein jedes Kind
bekommt einen
Garten zur Geburt
geschenkt.

Die Wiese ist grün, der Garten unberührt
und die Erde voller Humus.

Das Kind fängt an durch den Garten zu laufen. Manche Orte des Gartens besucht es öfter und dadurch entstehen Wege.

Der Garten wächst und jeder weitere Fußstapfen verfestigt die Wege.

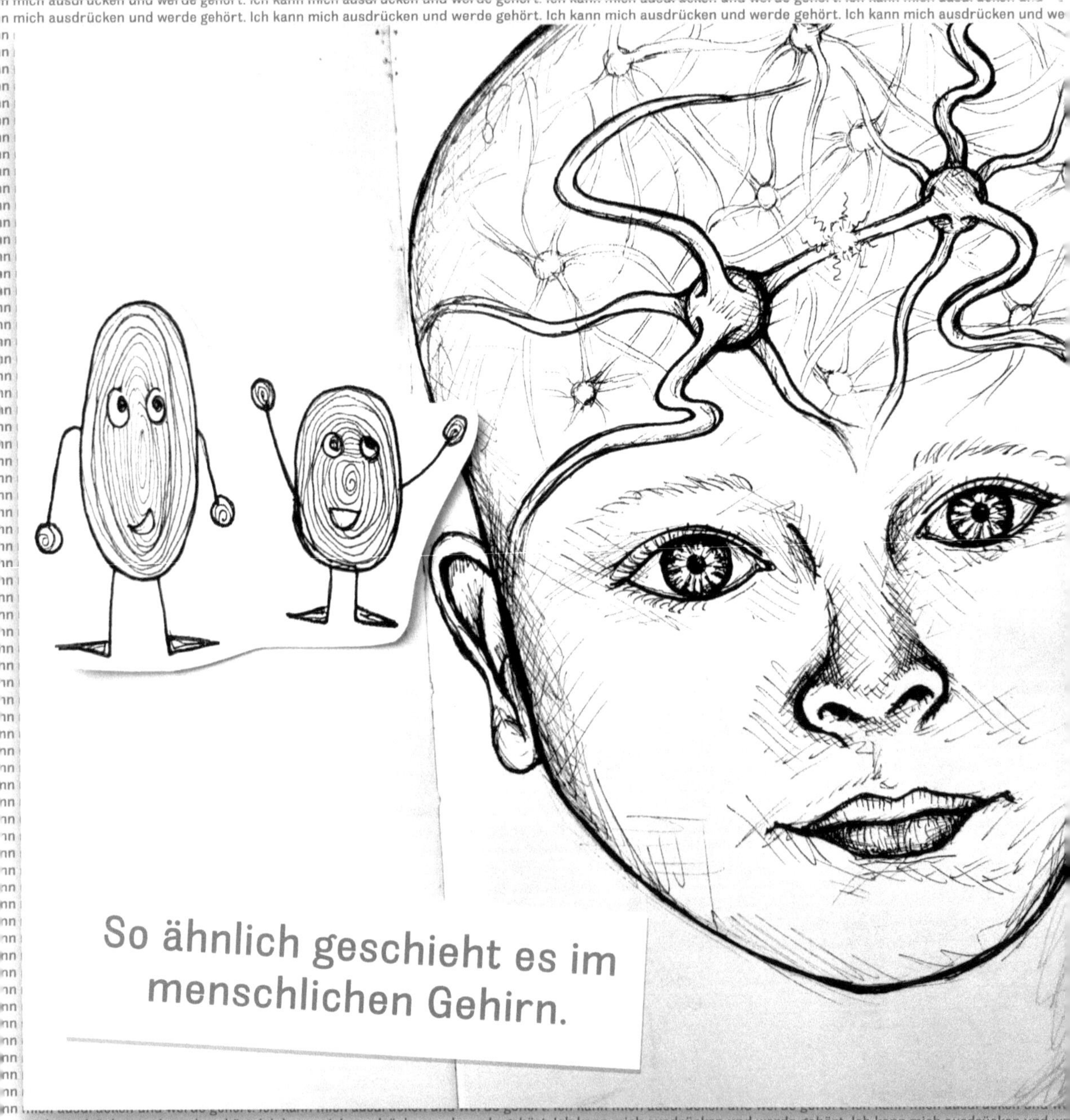

So ähnlich geschieht es im menschlichen Gehirn.

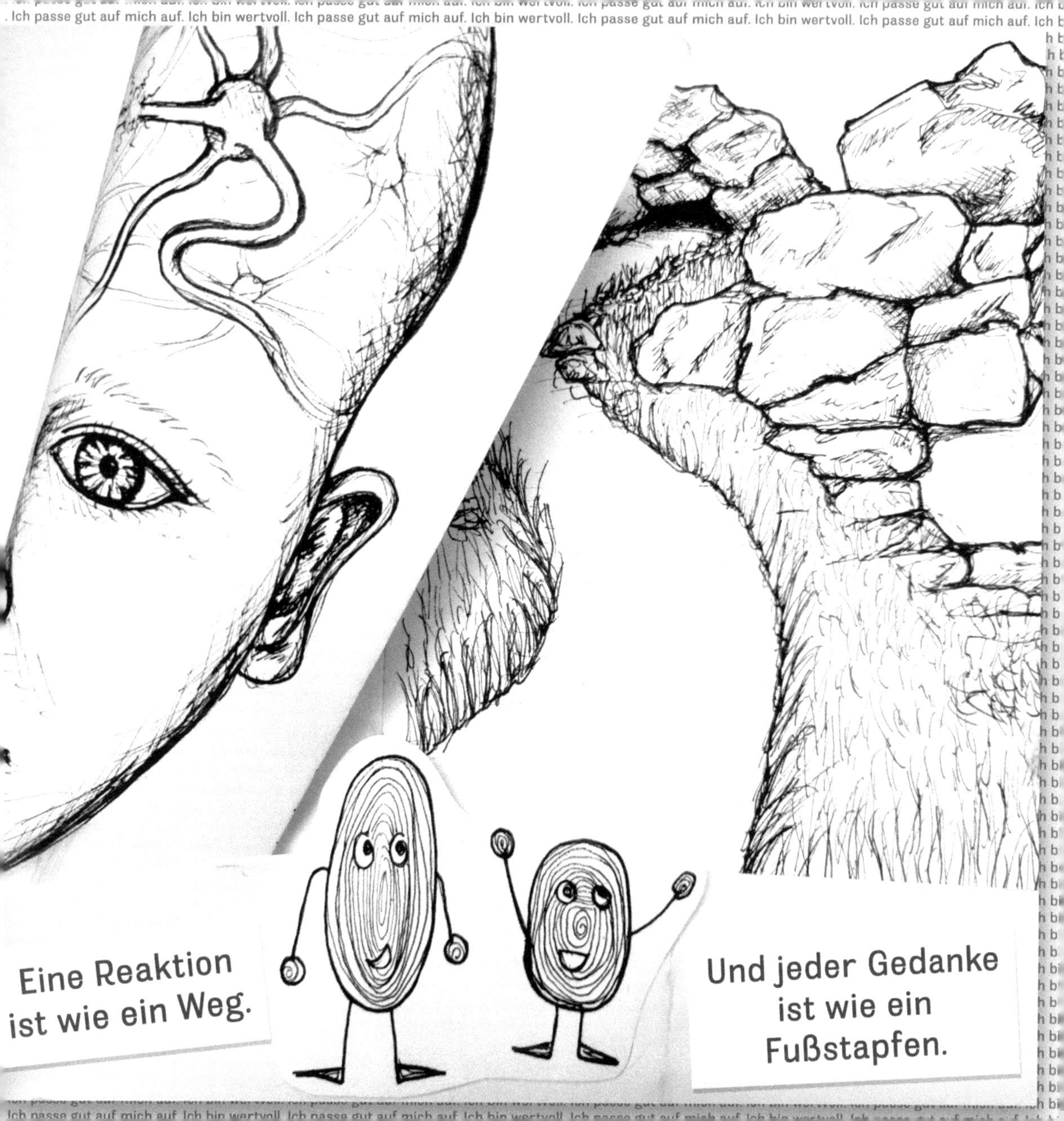

Eine Reaktion ist wie ein Weg.
Und jeder Gedanke ist wie ein Fußstapfen.

Aber vielleicht hast du als Kind
einen Reaktions-Weg erlernt,
der dich an einen Ort bringt,
an dem du garnicht sein
möchtest.

Sicherlich war dieser Weg dir auf die eine oder andere Weise einmal hilfreich. Doch heute hindert er dich daran neue Orte zu entdecken!

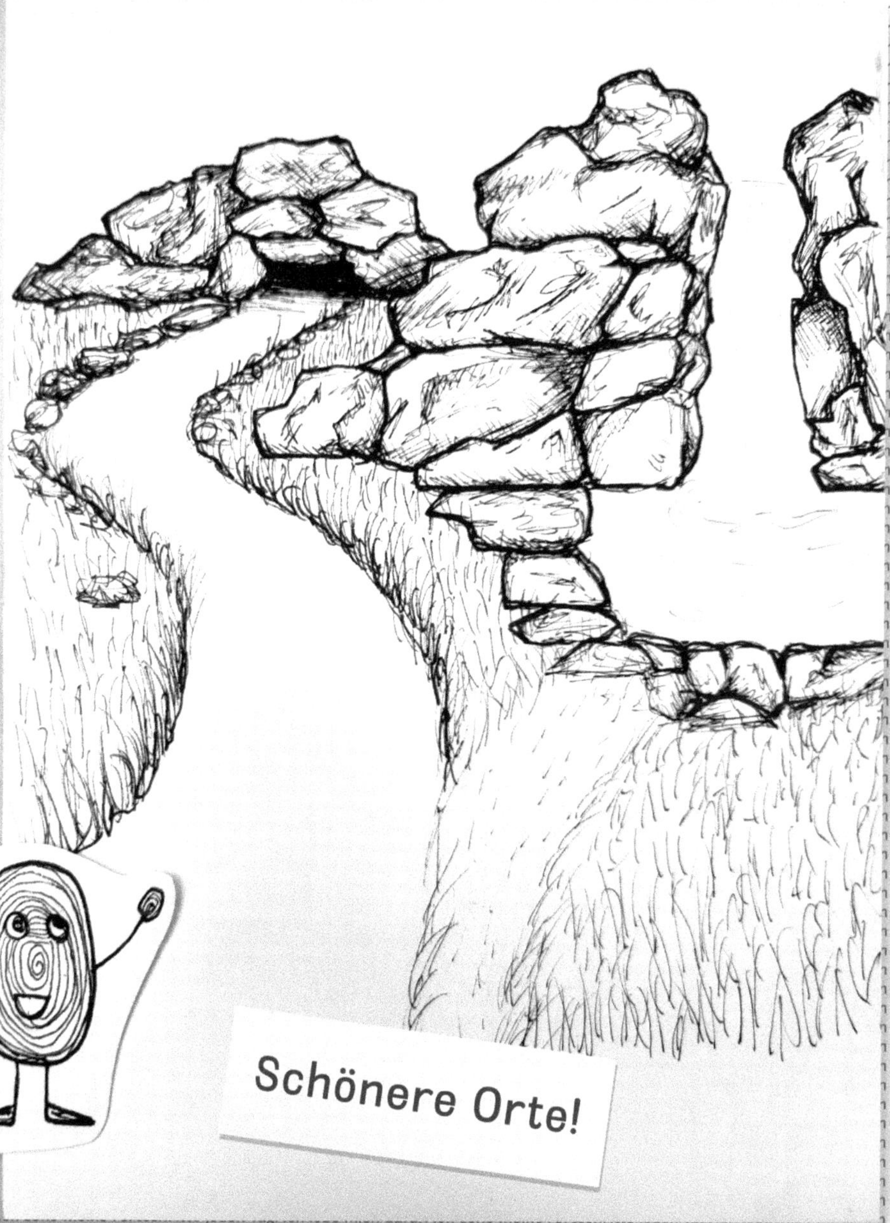

Schönere Orte!

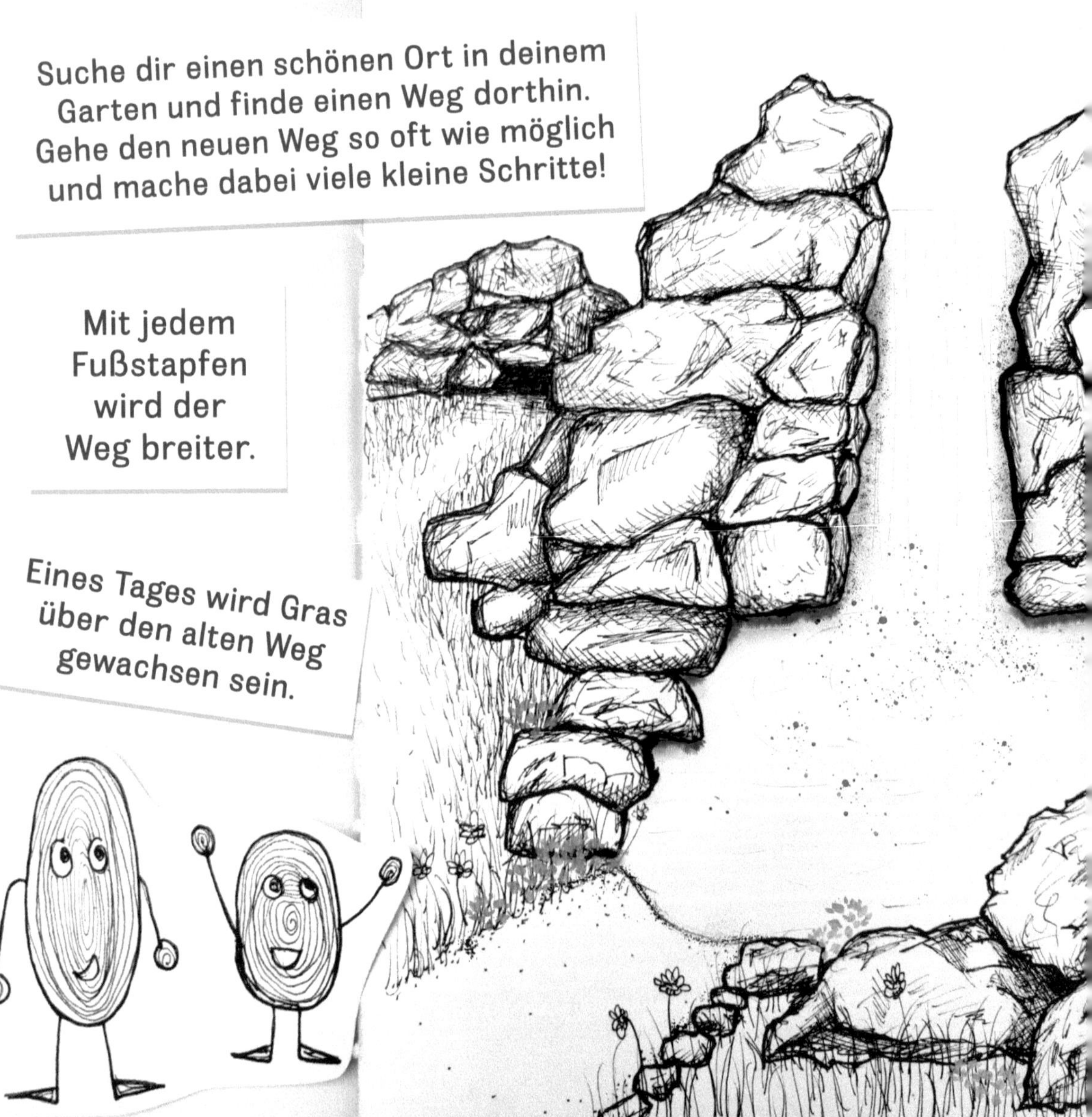

Suche dir einen schönen Ort in deinem
Garten und finde einen Weg dorthin.
Gehe den neuen Weg so oft wie möglich
und mache dabei viele kleine Schritte!

Mit jedem
Fußstapfen
wird der
Weg breiter.

Eines Tages wird Gras
über den alten Weg
gewachsen sein.

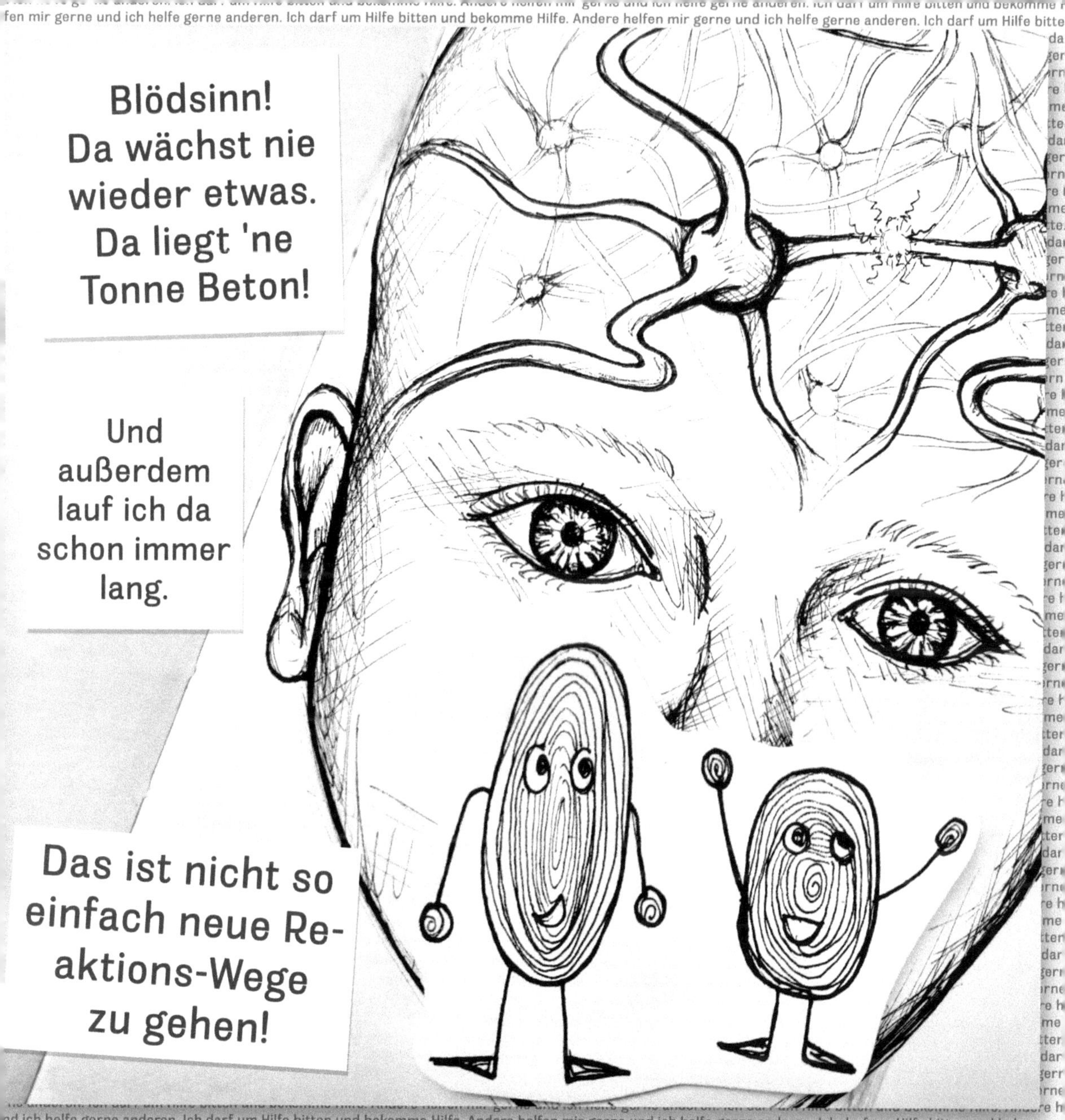
Blödsinn!
Da wächst nie wieder etwas.
Da liegt 'ne Tonne Beton!

Und außerdem lauf ich da schon immer lang.

Das ist nicht so einfach neue Re-aktions-Wege zu gehen!

Ein neuer Weg ist kein einfacher Weg.

Doch es ist der einzige Weg an einen schöneren Ort.

# Viel Glück, Erfolg und vorallem Mut wünschen wir dir auf deinen neuen Wegen!

PS: Wir lieben dich!

Vielleicht interessiert Dich auch
folgendes Buch: